Chun so-bin

시인 전소빈

탱자꽃 하얗게 바람에 날리고

전소빈 시집

탱자꽃 하얗게 바람에 날리고

Poetics 시학

■ 시인의 말

어느 날 새벽 문득 꿈에서 깨어나면서 허탈감에 빠졌었다.

꿈속에서 아름다운 좋은 사람과 길을 걷다가 자취 없이 어디론가 갑자기 사라져 버린 이름을 부르며 찾아 헤매는 꿈, 꿈과 현실이 구분되지만 잃어버린 상실감에 나는 어디에서 왔다가 어디로 가고 있는 걸까?

나를 찾아 먼 길을 떠나본다.

그리고 사랑하는 소중한 사람들과 따듯한 차 한 잔, 밥 한 끼를 먹고 싶어 햇빛 쏟아지는 거리를 걸으며 정다운 사람을 만나 잔잔한 미소와 정담을 나누며 상실에서 오는 공허와 상처를, 어젯밤 허망한 꿈을 잊어간다.

꿈속의 좋은 사람은 아름다운 생의 기쁨과 외로움, 사랑, 아픔을 뜻하는 것이 아닌가 한다. 그러할 때마다 치유의 조력자인 펜을 들고 내면을 성찰하며 다독이고 정신세계를 맑게 하는 시와 글을 쓰며 위안을 얻는다. 그리고 오늘 하루를 감사한다.

여름 무더위에 노고를 아끼지 않으신 존경하는 김재홍 교수님께 깊은 감사를 드립니다.

2014년

전소빈

차 례

제2부 청춘다방

제3부 손톱 가시

제4부 삶의 끈

제5부 역마살

제1부

영산홍 꽃잎에 홍어가

비가 바람을 말한다

바람을 끌어안고 풀잎이 말한다
훠훠훠 세상은 다 허공이라고
누구나 다 혼자서라고

키 큰 나무 가느다란 가지들
휘어지며 잎새들은 부둥켜 안기어 운다
다 목 놓아 운다

회색 빗줄기를 탓하며
눈물이 마르도록 소리쳐라
감추고 싶은 우울이 다시 도져 온다

수백 년 전 시공 속에서도
마른풀 때렸을까 빗금비

저물녘 오렌지 불빛 녹아 점점이
비가 바람으로 섞어 불며
빗줄기 사이로 달려간다

탱자꽃 하얗게 바람에 흩날리고

흩날리는 향내음 모으던
눈부시게 오만스러운 가시나무 꽃
꽃잎 위에 무명 삼베 바래듯
실눈 뜨며 황금빛 퍼붓는 날

손톱 밑 가시가 귀띔한다
훗날 그리운 꽃이 될 것이라고
어딘가 아파 가슴 움켜쥘 것이라고

창포 머웃대 무성한 텃밭 빈터
남겨 두고 온 푸른 가시 가슴 찌르며
포개둔 아스라함 속
하얀 꽃잎 꺼내어 향내 맡는다

별비 쏟아져 내리는 밤
탱자 노랗게 물들어 가는 꿈
가시 위에 걸쳐 놓고 떠나오던 그날

슬픈 그리움으로

가슴 속 쿡쿡 비접이 들었다

영산홍 꽃잎에 홍어가

1

봄날 톡 쏘는 꽃샘바람 알싸함이
홍어 삭히는 뱃전에서 불어온다
군침 돋우는 꽃바람 때문일까
우악스러운 발걸음이 바빠지는 파시
꼬리 달린 마름모꼴 삭힌 몸
눠어서도 몸값이 부풀려진다

장날이 아니어도 징구장구 모여드는 사람 물결
—여보게 아무개 이리 오소
홍어 한 점에 막걸리 한잔 얹어 보소,
자네도 한잔 또 저기 자네도—
질펀한 삶 허허 헛웃음 치고
투박한 정으로 노을노을 취해 가는데

2

영산홍 꽃잎 날려 영산강인가
흑산홍어 죄 없이 잡혀 와 뱃길 서러운 보름 사리 때

흑산도 어부의 전설로
뱃전에 풍겨 주는 삭은 냄새
그리웠을 바다 속 유영을

그래도 전화위복이려니
죽어서도 사랑받으니 어허라 좋을시고

3
지금도 영산포구에 한 잎 두 잎 봄꽃비 적셔 오면
홍어잡이 배
영산홍 꽃잎 가득 싣고
누구의 비인 마음속을 오르내릴까

허수한 봄비

라일락 꽃잎 저 버릴까 하마
어젯밤 까망 비바람에
꽃망울 끌어안고 흐느끼는 봄비
내 마음 자리에도 그 빗물 고입니다

연보라 우산 치우고
나의 어깨 위로 촉촉한 빗방울 내리게 하고
움츠린 목덜미 적셔도 좋을 것 같습니다

먼 기억의 한 모퉁이 길에 서서
꽃니풀로 남겨 놓은 그리움
찬란한 꽃 내음으로 채워 가면 합니다

대지 위에 누일 연둣빛 봄비의 머리칼
치렁치렁 휘감겨 와도
꽃잎 지는 아쉬움에
라일락 꽃비 내리는 길을 걷고 싶습니다

벽 시집 한 권

갓머리등 그림자 너울 밑으로
별무리 쏟아져 내려 도배되는
벽 시집 한 권
달과 별 조을려 푸름으로 엉금거리는 귀갓길에
두 막대기가 뚜벅뚜벅 걸어가고

아스라이— 아스라이
달빛 좇아가는 강아지 낑낑낑 보채는 소리에
별 하늘 보듬고
이제 차디찬 돌방에
돌아누워야 하리

초저녁 샛별 하늘로 낮게 펴지는
새빨간 노을우산
눈 부비는 야밤 청솔잎 헤는
부엉이 날갯짓만 부산하구나

쪽파 거듭나기

누런 이파리
차가운 모래땅에
허여스런 얼굴로
입 앙다물어 오만으로 가득하구나

누가 이걸 먹는다고……
헤집고 뿌리 들춰 보니
하얗게 진 뿌리 외려 향긋하여라
어느 저녁 누구의 숟가락에 얹어지려고
비명도 없이 너는 땅의 순결을 지키고 있느냐
참 고마웁구나

바람 한결 세차니
흙 한 삽 떠다 네 발등을 덮어 주랴
눈구름 떠돌다 오면
햇빛 가득 안아나 보렴

생인손

— 운명의 사랑

나에게는 손가락이 여섯입니다
늘 밤이면 아려서 뒤척이고
쓰라려서 싸매고
안쓰러워서 속앓이 하고

새끼손가락 곁에 덧난 손가락 하나
남몰래 그 손가락 쓰다듬고 달래 보지만
그래도 끝내 도려내지 못합니다
그것도 억척같은 세상살이라
보듬어 안고 가야 하니까

명상 불새

1. 긴 숨으로 지평선 너머

희망과 절망이 나란히 달린다
오늘 부대끼는 흐느낌으로 어깨 떨면서

내일은 나는 듯이 걷는 서늘함으로
붉은 눈 들어 가슴에 두 손 모아
새벽하늘 우러르며
장애로 절룩이는 다리 모으며
명상을 드립니다

2. 지구 끝에서 불타는 불새

세상 끝나는 날까지 이리 아파야 합니까
타다 버린 불새 깃털
아직은 조금 희망이 보인다고
절름대는 불새 외쳐 댑니다

지금, 나에게! 오라고

내일 하염없는 명상으로
고요히 나를 다스리고
폭풍의 밤을 잠재워야 한다고

노을이

놀
풀꽃 되어 별집 속으로
바람 속 달린다

가물가물 저미는 서편으로만 사라지는
뒷모습으로 글썽이는 사람 하나 거기 서 있다

돌덩이 가슴 송곳으로 찌르는 밤
꿈속에서 노을 들꽃으로 내리면
두 눈 꼭 감고 이슬비라도 내려야겠다

가을 별사

가을이 가는 게 그리도 서러운가
애기 단풍잎 눈시울이 붉어져 온다
손가락 일곱 개 꼭 쥐고
동면 준비에 바쁜 나뭇가지 볼 부빈다

나의 손가락 모두 다섯 개
손 갈퀴 사이사이로 흘러내리는
시간 붙잡아 볼까

소망했던 일 잘되기도 하고 못되기도 하며
아쉬움에 가슴앓이하던 나날들
가을이 앉았다 떠나는 나뭇가지에
나도 살포시 앉아 봅니다

아직 떠나보내지 못한 추상의 나날들
보낼까 말까 망설임만 많아
고개 떨구며 혼자 낙엽 길 걷습니다
내일을 향해 쏘는 아름다운
일곱 개 손가락

종이꽃잎 바람에 날리고

자유로운 신세계 바람
오두막이라 문턱이 없어
소리 없는 발걸음질로
꽃잎 파르르 떠는 것으로 알고

쪼그마한 창밖 회색 노을이
빗방울 입에 물고
비바람 거세질까 걱정에
흔들리는 마가목 끝가지에
마음 두고 있네

마지막은 늘 홀로인 것

장맛비

꼽꼽쟁이 햇살 쬐금
파란 손바닥 하늘
감질난다

밤비 검은 나비로 훨훨
능소화 기다림에
지붕 너머 장대비 창가
불빛 속으로 후둑후둑 우울증을 달래고

걸어가는 하늘 꽃우산
빗방울 둥글게 말아
아홉 손가락으로 얼굴 씻는다

이런 날
빗방울 담겨 오는 향긋한 차 한잔하면
기다리던 옛 사람
가랑가랑 빗소리로 다가와 줄까

더운 날

금사빛 한 움큼 쥔 태양
푸른 수액 비치는 푸른 풀나무
세포 줄기로만 남기고
흰 구름 그을려
새털구름조차 흩어져 버리니
노랑 채송화 연한 꽃잎 나 살려 비명이네

매미 소리 환청이라도 좋으니
감나무 어린잎에 기대어 울어나 보렴
열망에 찬 긴긴 기다림
짝 만나는 환희의 날갯짓에 웃음 띤 울음

오후의 목마름 때문일까
살짝 찢어진 부챗살
볼멘 풀벌레 소리 날려 보내며
삼베 베갯잇에 묻힌 귓가로
가슴으로 노 젓는 소리
고양이 얼굴 씻는 소리도 듣는다

그리고 어린 날 할머니 샘물 깃는 두레박 소리
삼 년 된 매미 허물 어디다 벗었나
옥잠화 꽃잎 후비며 하늘 쳐다보고
빙긋거리는 미소에 한나절 보내며

서늘한 저녁나절 그림자 언제 밟을까
태양은 아직도 뜨거운 손으로
대지를 할퀴고 있다

앉아서 피는 자운영들

아직 날카로운 이월
등 너머로 엉켜 붙은 생로병사
마음고향 몇 고개를 넘어도 결리는
얼음밭 발걸음만 동동 친다

남으로 향한 것은 또 잎새 하나
흔들릴 때마다
그 봄은 언제 오려나

꽃 피는 계절이 오면
나는 저 들녘에 돌이 되어서라도
잡은 손 놓지 않겠네

바지 씨 안녕

보고 싶다는 말조차 다 잊혔는데
꾸무럭한 날이라서

긴 다리 씨 네 입었던 검은 바지 어디다 버렸느냐
마음 푸른 그 시절
네 이마에 흘러내린 머리칼 한 묶음으로
무언 속에 남겼던 이야기들
달빛 가득 널어놓고 왔는데

이제 구름 쉬어 가는 그곳 너머의 너의 풀무덤
나에게 올 수 없어서
아카시아 향만 너에게 띄워 보낸다

오늘 풀꽃들의 함성 들으러
청보리 밭둑길 나가 보자고
긴 바지 입은 가시내가
기다리고 있을지도 모르니까

고속도로 질주

1. 도심 속 간판들이 어둠 망또 걸친 채

서서히 네온사인에 잠겨 간다
고속도로 미등 깜빡이며 자동차 질주도 드문드문
넋 빠진 유령의 눈동자로 말뚝이 된 가로등
발밑 그림자로 겨우 길을 안내한다

움푹 파인 어둠에 눈익어 가는 가장자리 숲
여기에도 푸르누르스름한 불빛이
서늘한 한기로 듬성듬성 부르르 떠니
두렵게 외로움으로 밀려오는 애잔함이
상실감으로 슬픔이 아픔으로
손끝에서 겨드랑까지 저려온다
창밖으로 보내는 시선이 허공에 꽂힌다

2. 저것들이 온기 있는 생명체들이라면

내 방 아랫목에 편히 쉴 수 있게 해 주련만
어쩌다 이 길을 나는 달려가고 있을까
조금만 일찍, 아님 조금 늦게라면
둥지 찾는 새가 되어 날아갔으면 좋았으리

오늘도 나는 불빛 사나운 도심 아가리 속으로
꾸역꾸역 빨려 가는 이 세상의 이방인
이 밤 아름다운 사람이 내게 했듯이
흑장미 한 송이
구부정한 그이 어깨에 달아 주고 싶다

낙지의 하루

1

바닷물이 파도에 밀리면

잠시 쉬러 들르는 갯벌

귀한 생명 푸근히 보듬어 감싸 준다

밀물과 썰물

낙조가 아름다워지는 그곳

회백 진흙 위로 기는

반장게 조개 낙지가 숨구멍을 들랑달랑

우리네, 어찌 알고

대머리들 낙지 쑥 끌어 올리는가

2

바—보 바보 이 바보야

삼십육계줄행랑 쳐야지

손자병법에도 도망치는 것이 최고수라고 했어

청천벽력 뜨거운 냄비 속에서
나체쇼에 인정머리 없는 사람들
눈요기에 입맛 돋게 하니 안쓰러워라
그러나 어쩌리 약육강식의 세상 이치

너의 가상한 희생으로
세상 사람들 즐거워하리니

훗날 자식들에게 일러 주거라
수상한 긴 손아귀 뻗어 오면 더 깊은 곳으로 숨어들어
자손만대 생명을 보존하라고

제2부

청춘다방

말편자 달

날마다 한 뼘씩 자라나는
머물 곳 없는 너를 따라서
나는 떠돌이 지구 몇 바퀴를 돌까

오늘밤 눈썹달 내려
내 집 지붕 위에 돗자리 펴고
떨구는 달그림자
어린 풋감 기다리며
만월을 꿈꾸는 너

먼 길 돌아서 오는 호롱꽃

작년 늦가을
작은 가지 다듬어 달라 하였더니
무자비한 톱질로
섬뜩섬뜩 목이 베인 가지들

아픈 봄
더운 찬란한 흰 등으로
어젯밤 환하였는데

끄무레한 아침
희번덕한 주검으로 누워 있구나
박피된 얼굴 하늘로 향하고

푸른 향기 환생의 수의로 덮였구나
그래도 봄날은 지나가고 있는데

꽃놀이하러

자다 말다 꿈결 속에서
꽃이 피고 진다
잠 깨고 나니

소중한 것 다 잃어버려
허망하여라

목천 반나절

1

잡목 숲 산바람 일어
호수엔 금빛 비늘, 잉어인가

마음 고픈 풀 향기
먼 데서 펄펄 날리니
잠시 세상일 나뭇가지에 걸쳐 놓고
툇마루에 다리쉬임하고
바람이랑 노닥거릴까

2

장독간 옆 강아지 낑낑
정이 그리운가 보다
담벼락 산그늘 저물기 전
들꽃 손 뼘으로 키 재기나 하여 본다

가벼움에 더 가벼웁기

희로애락으로 피어나는
봄 밤꽃 향기

눈물 속 휘어짐에 사그락거리는
대나무 빈 속 하얀 절개
더 바람이 있을지라도
욕망이라는 보자기 풀어 버리니
오늘 이리 가벼웁고

둘이서 갈 수 없는 외길
흔적만 남기고
모퉁이 돌아설 적마다

등짐 내려
빈손으로 떠나가는 길
이리 홀가분하구나

오월 향기 날리는 밤

산벚나무잎 오월의 햇살 엿보는
생존의 귀함 뿌리 되어 가는 날
벌레 먹은 살점 도려내는 상처를 보듬는다

볕 잘 드는 창가
어린잎 피어 가는 환희가
어진 생명 지켜 가지만

밤이면 벽간마다 녹아내리는
무서운 뼈 갉아 대는 소리
한밤중 뛰는 슬리퍼 끄는 소리

멍든 생명줄 걷어 버리고
눈부신 산소 끓어오르는 푸름 속으로
날고 싶은 간절한 갈망
야윈 팔목 링거 주사약 너무 아파
능금빛 수액 작은 바늘 꽂은 채

희망과 절망 백지 한 장 차이

천국과 지옥 커튼이 오르내린다

인연 만들기

1

실끈 하나 놓치지 않으려

맞대고 잇고 꿰맨다
세상 인연을 만든다

물레질로 태어난 무명 실꾸리
바늘에 꿰인 실오라기 한 가닥으로
별의별 인연을 다 엮어 가면서

오랜만에, 반가워 얼싸안은 것도 인연
우연히 생면부지의 사람에게
들꽃 한 송이 내민 것도 연이런가
매일 인과 연을 쌓아 가노니

2

좋은 연 실꾸리 엉키는 괴로운 연

목에 두 겹 세 겹 걸치노니
버거움에 비틀거리고

마른땅에 부려 놓은 연
비눗물에 씻은 손 들어
더운 날 볕에 바래고
비 오는 날엔 비를 맞히며
싸락눈 내리는 밤이면
지붕 위에 던져 두어

더 하얘지는 목화 송이로
켜켜이 쌓아 두고 싶습니다

티끌 소매 끝 스쳐도 순리대로 살아가는
삶의 끝없는 인연 만들기

하루살이의 꿈

1

비릿한 사연의 연속 속에서
나의 하루가 시작된다

둥글고 모나고
구부러지고 울퉁불퉁
짧고, 굵고, 가늘고, 긴 막대기 같은
어지러운 하루

당차게 이겨 내고자 할수록
껌딱지 같은
슬픔으로 배어 오는 것들
푸른 피 뚝뚝 떨어질 때
그만!

2

오늘도 좁은 골목길 걷고 있다
신작로 넓히면서

해 너울
따스한 칼국수 한 그릇 먹고 싶다

닳아진 손톱

1

막대기 바늘귀 꿰는 날
실 가닥 이리 비춤 저리 비춤
네 구멍짜리 새우 눈 단추 헛웃음 쳐 비웃는다

언제 이리 무디어졌을꼬
날렵한 붓꽃 손길
아직 젊었을 적
등잔불 아래에서 그림자놀이로
홍두깨로 바늘허리 꿰뚫었었는데

해와 달 자리바꿈질로 한 세월
빈틈 많은 세상살이
주섬주섬 허점 채우느라
뭉툭 뭉그러져 갔으니

2

매니큐어 칠한들 석류알 같을까?

손등 가로줄에 툭툭 튄 마디뼈
풍상 세월 비켜 갈 수 없다 하니

어느 날 밤 아련히 들여다보는 손마디에
서글픔 베니
차라리 감추지나 말 것을

잘 익은 김치 고추장 닭볶음 새콤한 김초밥
엄마 표 만국기 만들어 흔들면
손바닥 지문 없어진들 어떠랴
손마디 뭉툭한들 또 어떠랴
일 년 해 지난 뒤 손톱 깎으며
손바닥 찬찬히 들여다보아야겠다

귀 기울여야 들리는 파도 소리

비 오는 날 늦은 귀갓길 발걸음이 첨벙첨벙
밤물결 느린 하소연이 철—썩 철—썩
힘겨워 모래톱이 밀어낸다

안마당에 파놓은 연못에 닿지 못한 물결이
가슴 거품꽃으로 송이송이 들어앉는다

말갛게 씻긴 민얼굴 아침 햇살
갯바위 뭍이 그리워
어제 배 띄운 이야기
천년 지새운 물이랑 이마 가리고
가느다란 눈 속으로 세월 출렁여 온다

서녘 바람 기다린다
나의 들창으로 맑은 미풍 지나간다

돌아오는 길?

가벼움에 무거움 다 잊어버리고
마냥 웃음소리만 소프라노
반가운 정에 수다 떨기 바쁜 다섯 여자
말이 많으면 허물도 많아져서
내 흉 놔두고 지난날 남의 흉보기만 한다

바람이 들으면 발 없는 말이 되고
갈대가 듣게 되면
사그락 사르락
사공이 귀동냥하니
꼬막으로 하나 가득 되지 않은 소리라도
땅에 떨어지면 다시 주워 담을 수 없으니

어둑길 집으로 돌아오는 길
아까 참에 무슨 이야기를 하였더라?

유년의 해바라기

여름 한낮
땡볕 쏟아지는 날이면
금빛 이글이글
너의 눈 쏘아보았다

네 눈은 희망,
후일의 여명,
태양을 닮고 싶어서
거친 밭 한켠에 홀로 서서
해바라기하는 노오란
꽃잎 꽃잎

유월, 목련 피었구나!

창백한 꽃 한 잎
땅 위에 눕네
밟히면 어쩌려고

마가슬에 팔 잘려 아프다더니
유월 밤 서러운 비 서럽게
뭉쳐 핀 목련 이파리
먼 산 보기 하더구만

너무 애통하여 그 잎사귀 품 안에서
촘촘히 얼굴 감추고 피었구나
짧은 날 보내며
널 보고 싶었는데

청춘다방

연두 바람 불어 좋은날

목단향기 봄 타는 여인들
아름다운 시와 그림이
사모의 발걸음으로
혜화동 거리 꽃잎 꽃잎 흩날리니

청춘다방 컵마다 향기 넘치네
우아한 목련녀들 흰 손 들어 "영원한 건배"

시간이 시계를 붙잡고
뜨거운 찻물 속에 녹아 가는
학창 시절 에피소드 50년 전 시공이
넘치는 웃음이

"우리 아직 청춘이야!" 입가 팔자주름은?

청춘다방 영원히
학림다방 거기 그 자리에

모래시계, 내 고향으로 날 보내 주

위, 아래
잘록한 허리를 타고
모래 알갱이 사르륵 흘러내린다

모래알이 묻는다
시침 분침 똑딱 똑딱 다 놔두고
내가 무슨 날품팔이 노동자란 말이냐

참 입맛이 쓰다

인간의 헛된 이기심 때문에
뜨거운 사우나 탕 안에서
늙은 손 젖은 손 쉼 없이 손가락질하니
나만 오늘도 허리가 빠진다

두고 온 은파
조개들과 달빛 타고 놀겠지

개미와 전쟁

1. 장마가 드는구나

검정 군단 소리 없는 행군으로 마루 위 집결터
종횡무진 발맞춘다

허리 잘록 우두머리
화려한 검정 치마, 날개
혼자서도 아닌 졸개 대동 위세가 당당
무엇으로 괴멸할까 고민 고민
전쟁 시작 종 울리려는데

2. 약자도 강자도 아닌 너희

생명 살상할지도 모르니 도망쳐 미안 미안

여왕이시여

그대만 조용히 인간의 삶 탐색하고
질서만 지켜 준다면
흔쾌히 대환영하련만

햇빛 언제 뜨려나

남도지오그래픽

1. 앞집 부부 얘기

이녁 : 싸움하고 사는 것도 사는 것이제 별것 없당께
자네 고생했네 천생연분이 어디 따로 있당가?
조단조단 맛나게, 이것이 올케 사는 법이랑께

결혼 이야기

각시 : 홍도 와서 오토바이 타고 가다 꼬랑창에 떨어져 버렸제
인자 생각하니 우습제 역부러 날 꼬실라고 그랬제
국도 새시로 끓이요

이녁 : 아따 이 맛으로 살제
나 좋으면서도 말 못하제

각시 : 말로는 천당도 짓는 소리 모리요
집에서는 손가락 까닥도 안 하는디 노인정에서는 별다르요

이녁 : 다 어른들 모시고 복 짓는 일도 좋은 것이제

각시 : 당신 잠들기 전에 마늘 까야제
이녁 : 자네가 해야제
각시 : 미꾸라지맹이로 잘 빠져나가제
이녁 : 자네가 건강해야 내가 오래오래 산당께
앞으로 내가 주물러 줌세
표를 안 해서 그렇제
곱디고운 서울 처녀 꼬셔 갖고
고생 많이 시켰지잉

2. 뒷집 도란도란

각시 : 압씨 어디 갔당가 호맹이랑 어디 뒀소
감자 캐러 가야제
징하게도 일도 안 함수로 쉬고 싶만 싶소
뭣이 이쁘다고 결혼해 버렸는지 몰라
이녁 : 어화둥둥 아프지 말고 살세

이웃 : 워따 바쁜 거 전쟁 통 총알 날리는 거 같구만
아짐 여적 국물곱소 긍께 건강해야 된당께
오늘도 욕봤소
각시 : 전부 불에 딘 자국이여 좀 먹고 가쇼
이웃 : 맛나네요

이녁 : 컹검헌께 잘 살펴 가시고
그래도 이녁이 제일 좋당께 살고 보니 마음자
리 땁다 하니
지금은 누구 천만금 준다 해도 안 바꾼당께

각시 : 어디가 이쁘다고 나를 택해 뿌렀소
이녁 : 사진 보니께 인물은 별로 없었는디 살고 본께
마음이 배 속 같네
건강이나 짱짱해야제
고산댁 오남매 키우느라 징하게 고상했소
각시 : 워따 고상은 무슨 고상
우리 부부 잘 살믄 됐제

제3부

손톱 가시

갑사치마

하늬바람 불어
그때 붉었던 포도 향기
속으로 난 길을 더듬어 갑니다

어느 날 곱게 접은 갑사치마 무늬
실오라기 한 올 한 올 고운 손가락무늬로
사랑을 여 담으시던 그날
지금처럼 포도송이가 익어 갔습니다

마지막 아름다운 눈감으시던 그날
치맛자락 잘라서 댕기 만들어
떠나실 머리에 감아 드릴 걸
오늘 내 가슴속 소금 바람 불어
그 얼굴 보고 싶습니다

아버지, 당신은 늘 그 자리에 서 계십니다

1. 대 빗자루 찾으시면서

싸락눈 떡시루 앉히는 새벽길
선 그어 놓은 그림자 위로

아버지, 큰딸 시집보내시던 날
소매 끝 젖어 가던 속마름
돌아서시며 두루마기 자락 여미실 때
제 화관 족두리 구슬이 흘러내렸지요

2. 어릴 적 함박눈 내리던 날

동생들과 싸움질하느라
맨발이 시렸던 그 아침
우리들을 밥상머리에 앉히시고
생선 살 발라 숟가락 위에 얹어 주시더니
어린 딸은 괜한 서러움에 훌쩍였지요

3. 아버지, 목단꽃 향기로운 이 아침에

따스운 진짓상 올려 드리고
꽃구경도 가고 싶은데
미닫이창만 텅 비어 환합니다

나이 들어가는 허여스런 눈물
그렁그렁 여울져 와도
뵙고 싶은 그 마음에
자애로운 모란꽃 그 손 슬며시 잡아 봅니다

엄니, 나에게도 엄니가 계셨는데

1

가느다란 실타래 늘이며
백발의 엄니가 떠나갔습니다
푸른 초원 저 밖의 하늘
누가 길라잡이를 하셨는가요

생의 삶의 고된 지게 내려놓으며
겨울 아침밥 푸시던 따뜻한 그 손
동백꽃 향기로운
고운 눈매 환하신 그 웃음소리
여린 제 가슴에 돌무덤으로
묻어 두고 가셨습니다

2

엄니, 아직은 반백인 저의 머리칼
채 효도의 시작도 채우지 못하였는데
가실 길이 늦었다고 서둘러 떠나셨습니다

그날 밤 저는 넋을 놓았습니다

괴로운 기다림에 얼마나 외로워하셨을까
잡수시고 싶은 것이 얼마나 많았을지
자책에 목이 메어
차가운 이마와 볼에 입맞춤하였지만
그땐 너무 늦었습니다

이제는 사랑이 깃든 배려의 말씀
모정 깊게 패인 주름진 이마의 다정함이 그리워
속울음 삼켰지만 떠나가셨습니다

떠나시던 그날 엄니 얼굴 하나 담아서
백발비가 내렸습니다
햇빛 좋은 날 먼 데 산만 보시지 말고
서성이시지도 말고 거기 그렇게 편히 앉아 계세요

반백의 저도 언젠가 햇볕 등지고
바람 불듯 떠나가겠지요
기다림은 아픈 거지만
참 슬프도록 아름답습니다

2014년 1월 1일 새벽기도

— 푸른 말들이 달려오고 있어

청마에 날개 달아 하늘 위를
달릴 수 있는
건강을 주옵소서

청마의 힘찬 발굽으로 풍요의 들판 달려가듯
성실하고 부지런한 삶을
살도록 허락하여 주시고

청마의 순하고 맑은 눈망울처럼
첫오름 빛살 기쁜 웃음 짓게 하소서

모정으로 드리는 간곡한 기도
태양 아래에서도 녹지 않을 눈꽃
제단 위에 바치겠나이다

검은 머리 파뿌리 되네
— 부부夫婦

각시~
감꽃빛 장미등 아래
낮 강아지 물어뜯다 버린
장난감 인형 깁고

이녁~
긴 인연 꿰매는 손놀림에 홀려
낮 겪은 세상 이야기
두런두런

바깥마당
개살구 떨어지는 소리
내일도 인형 배꼽 떨어졌으면
좋겠다!

꿈길에서

1

빛깔 없는 구름
하늘에서 훨훨 달린다
긴 치마 날리며
노오란 복수초 한 송이 들고 있었다

먼 데서 누구 울먹이는
겨울 나목 사그락거리는 시린 소리
누가, 왜, 아프다고?
어디가 아픈 거냐 마음에 칼바람 찬 이슬 스며드느냐
그럼 사람 꽃다발로 치료해야지
노오란 복수초 꽃 자꾸 흔들린다
아프다 아프다 아프다 나도

2

나는 그때도 알고 있었단다
작별해야 할 시간 간절함이 깃든
돌아서는 너의 옆얼굴에

등 뒤 배낭에 담은 그리움들을
목메어 넘기는 속울음
가슴이 빨갛게 물들어 가고
지금도 마음엔 그때의 슬픔이

그런데 너는
아직도 그곳에 살고 있으니
시린 사람아

영감 할멈 이야기

1

할멈 나 배고프네
오늘 저녁 반찬은 무언가
—또, 또, 그 밥 타령—

수줍은 두 뺨이 눈가에 주름으로 물결친다
오십여 년 부부살이
끄무레한 무명 실타래 된 지도 오래

온갖 참견에 잔소리가
그래도 밭고랑 진 얼굴 가득히 함박진 웃음
호박에 줄 그어도 수박이 되는가 보다
세월에 풀잎 스치듯 엄청 짧고 길다

때때로 고양이 발톱 세우고 토라지고 아옹다옹
미운 정 고운 정에 옛일 다 잊어버리고
그래도 두 손 꼭 잡고 보트라지게 살아왔다는 그것

2

함박눈 매화 가지에 얹히는 밤
솜이불 자락 꼭꼭 여며 주며
열꽃 기침에 지친 날
숭늉 한 그릇에 따스함이 서로 고마웁지

살아온 세월보다
살아갈 날이 가을 한나절 볕살 같은데
노망이나 들지 말고 살아야지
에구! 허리야 다리야 이젠 늙었다 늙었어

회갑년에 태어난 손녀

어머니! 태평양 건너에서 부르는 소리
딸을 낳았는데요,
애기가 꼭 어머니 닮았어요
순산은 하였고? 네

파안대소 이럴 수가 할미를 닮다니

띠동갑으로 눈매가 닮은 손녀
이제 훌쩍 커서 조잘조잘
재미있는 애기가 넘치고

으르렁 아이돌을 좋아하고
CD도 보내 줬는데
공연 입장료도 사 달라 한다
좋아하는 것은 국경이 없는가

책 좋아하는 소녀
영화 제작자가 되고 싶고

작가도 되고 싶단다
흐르는 피는 속일 수 없는가

잘 자라 줘서 고맙구나
너, 작은 숙녀

겨울밤

"찹쌀떡—
약밥 사—려!"
구슬픈 목소리 얼어붙는 밤
누구를 위한 간절한 외침인가

하얀 함박꽃 너울 속으로 잦아드는데
밤 발자국 소리만 깊어
손 시려 발 시려
이불 속 잠겨 드는 9살 소녀

운명

앞서거니 뒤서거니
내 그림자 내가 밟을 수 없는 것은

이인삼각

귀밑머리 풀던 그날 탓인가

등을 보이는 사람

세월살이로 조붓하여졌지만
그 넓은 등때기에 업혀
머리 파묻고 싶어라

벼 푸름도 우렁이도 들여다보면서
삐비꽃 들풀 우거진
고향 논두렁길을 걸어 보고 싶어라

비가 오니까 저 여편네 망령들었다고
동네 사람들 퉁세기나 놓지 않을까?

겨울 아침

더러는 쉬었다 생각날 일이지
이 겨울 아침에

엊그제 바람처럼
어제 구름으로 떠나간 사람
마중과 배웅이 서툴러
눈시울에 저무는 뒷그림자

어제 오늘 내일도 빈자리
무너져 내리는 가슴에
지금 첫눈이라도 함빡 내리면

황토집 명상

가끔씩 바람 소리 풀잎 흔들고
외로움 달래 가는 황토 움막집에
두통 심한 머리 내려놓으며
숨 고르기 끝내는 그날이 오면

삶을 사랑하며 꿈을 품고 담았던
한 권의 시집과 또 한 권의 좋은 책으로
지친 영혼 위로받으며 가슴에 품고 갈 시 한 줄로
생전의 일을 잊어버리고 싶습니다

흙 한 줌 열 손가락에 뿌리며 맨발로 걸어가는 길
숨찬 한생의 음률에 맞추어
홀로 듣는 어둠의 삽질 소리에
사랑하던 손 고요히 놓아 보내렵니다

아침마다 파르무레한 풀잎 맞아들이는
산중 솔바람 소리 들으며
눈물 글썽이는 좋은 시 한 줄 가슴에 새기며
백 년 세월 황토집 벗 삼아 살다 가렵니다

달콤쌉쌀 초콜릿 사람

철딱서니 없는 소리 지줄대도
눈 흘기며 미소 지어 주던 그 사람

가끔은 혼자이고 싶을 때 늘 곁에서
살 만한 세상이라고 삶의 소중함,
토닥토닥 안마해 주는 사람

흰 배냇머리 톡, 톡 어느새
노파 되었노라 눈 찡긋 웃어 주던 그 사람

장유유서 상관없이
신발 한 켤레 둘러메고 먼저 가니
어디 가서 새 벗 만날 수 있을까

묵은 지 명상

기다림이 끓는다
휑한 밤 가스레인지 위에서
보글보글

묵은 지 찌개가, 그리움이 끓어오르고
나는 배가 고파 온다

엄마 호미 쥔 텃밭에서 남몰래 자란
파르노르스름한 배추

뒤꼍 마당에 묻어 둔 항아리 속
짭짜름한 속마음 묻어 두는 그곳

별 총총 밤 뚜껑 열어 보아라
볕 따스한 날 다시 열어 보아라

소금 절임에 손금 희미하게 빛나는
엄마의 묵은 지 손맛

동백꽃잎이 피었구나

동백꽃잎으로 파묻히는 마을
비 온 뒤 아침
빠알간 골목길 위에

동백꽃 한 송이 오늘 아침 그림으로 피었구나
워매, 뭉클
고향 이야기 아롱아롱 맺혀 있구나

발바닥의 한 생애 · 1

1. 새경 없는 머슴살이로 마음 주인 섬겼던 충복

살갗 터지고 괭이 박히고 가시 찔리고
벙어리 흉내로 인고의 삶을 자청하였던 발바닥
저에겐 공휴일도 없네요

비 온 뒤 부드러운 풀밭 하늘 박힌 곳
얼얼한 발가락 거북등 발바닥 얼음깃털 내려앉듯
고이 내려놓으며 울퉁불퉁 돌밭 길에 뜀박질로
숨 가쁜 생애 잘 살았나? 못 살았나?

2. 역마살 일생 후회는 없지만

사계절 동서남북 사리지 않고 발 밟힐까 걱정에도
만원버스, 지하철 타고
하늘 새 구름 속 유영 11시간 30분, 캄차카반도
날짜변경선 넘은 푸른 태평양 축지법으로 다리 뒤틀

려도

걸어서 천만 리 미친 듯 기쁘고 슬픈 곳
아프고, 가슴 뛰는 곳, 다녀왔으니 고단합니다
이제 그만 걸음발 멈추시고 느릿느릿 한눈도 팔고
거침없는 바람 맞으며 쉬엄쉬엄 쉬어 가세요

3. 우리 한 생애 웃을 일만 있던가요

울고 웃다가 높은 곳 발돋움하다 넘어지고
실패로 좌절하고 자신감 잃어버리고
자존심 지키지 못하여 허탈해하고
실수에 노하고 괴로워하고 속앓이하고
안타까움에 아프고 쓰리고 결리지만
그러하다 좋은 벗 만나면
반가움에 차 한잔 술 한 사발로 들이켜기도 하지만
목 축이며 허심탄회 이심전심 속마음 털어 내고

발바닥의 한 생애 · 2

1. 어깨 감싸 안으니 그 위로가 봄 강물 되어

인생살이 덜 고단하네요
이럭저럭 주인 따라 꽃 따라 바람, 낙엽, 흰 눈 따라
온갖 풍상 겪으며, 눈 깜빡이며 손가락 꼽아 보는 세월이
만만치 않아 얼마큼의 시간이 남았는지 가늠하기 어렵습니다

상처 받고 치유할 수 없는 것에 심장 도려내 속울음 탈지라도
용서와 포용으로 품 안을 넓혀 가노라면 그 복으로 가슴 치던 응어리도 풀어지겠지요

2. 주인님 그래도 때로는 호사도 하였지요

밤이면 우악스러운 손가락 달려들어 면판

주물럭거리면
　아파, 비명 질렀지만 누군가 부드러운 손길로 혈을 만지면
　살포시 단꿈에 젖어들어, 따스운 물에 담가 주고 펴 주고
　호강이 넘쳐났지요

　색색이 가죽 구두 끈 달린 운동화 늘어진 고무신
　발가락 제각각 장단 맞추는 슬리퍼 발맞추어 신겨
　비죽이 틈새로 보이는 아름다운 세상 구경도 실컷 시켜 주었으니
　이만하면 뭘 더 바라겠어요
　그래도 나를 아껴 주세요
　탈이 나면 나도 별수 없이 털썩 주저앉아야 하니까요
　머리털 달고 태어나서 천상이 가까워진
　주인을 위하는 마음 그뿐입니다
　주인이 꽃상여 타고 가는 날

"나는 가네 나는 가네 북망상천"
종이꽃 위에 서서 요령 흔들며
한 생애 끝나는 노래도 부르겠습니다

손톱 가시

손가락이 열 개
손톱 밑 가시가 쿡쿡 아려 온다
베개에 묻힌 머리 들어
기찻길 옆 마디마디 뉘인 침목 헤며 걷는다

아홉 손가락 깨물어
선로 옆 코스모스 물들이고
잡아 뜯겨 못다 뽑은 가시들
슬프도록 싸안으면서
깊고 푸른 내 안의 못 속에 감추어 묻어 둔다

가을이 떠나 버리면

아니 됩니다 가랑잎 지면
그럼 우리는 눈물을 흘러야 하니까요

넝쿨 위에 쓰러진
그 사람의 등허리 부여잡고

나중에 나중에 붉은 잎
노랑 잎을 함께 떠나보내야 하니까요

제4부

삶의 끈

삶의 끈

실끈 놓지 않고 살아왔습니다
물 한 방울 목축임으로
바람 한 자락 삶을 다듬으며

웃으며 인생을 살았습니다
머리에 이고 어깨로 짊어졌던 생돌짐
내려놓을 수 없는 하늘빛 그 너머
구름 한 조각 속눈썹 속으로
가시 되어 박혀 올지라도

이슬 한 방울 빗속의 우레
한 줌 달빛으로 비우고
지워도 채워지는 물웅덩이
간절한 소망 하나 가슴속에 밀어 놓고

태양을 향해 조용히 갈구하는
어진 삶을 바라며 오늘도 살아갑니다

아, 2014년 4월 16일 수요일

법치국가로 잘 산다는 게 이게 무엇입니까?
하늘, 땅이 울부짖으며 슬픔으로 무너지는 날
대한민국 어버이들이 넋 놓아 통곡합니다
"아가야 내 새끼들아"
처절한 울부짖음 끝이 골골마다 울려 퍼집니다
온 국민이 목 놓아 흐느끼며 아들, 딸들아
내 손주 새끼들아, 누이야 오빠야 동생아!

1. 가슴 치며 피지도 못한 꽃봉오리 한 송이 한 송이

말만 들어도 무시무시한 맹골수도 어둠 속에서
"사랑해 엄마" "친구들아 용서해 줘" 비명 소리 울려옵니다
손가락이 탈골되고 부러지는 고통 속에서 학생증을 손에 꼭 쥔 채
사투 벌이며 수중고혼이 되어 갈 때 그 몸부림 오죽했을까
너희들이 무슨 도둑질을 했느냐? 어떤 잘못을 했겠느냐

손에 쥐면 부서질까,
놓으면 날아갈까, 눈에 넣어도 아프지 않을
아, 내 새끼들, 새끼들아

2. 부모형제 우정도 사랑도 소년의 꿈도 저버린 채 너희들은 멀리

떠나갔구나
지금 안산은 하늘 눈물비가 쏟아지고
예쁜 웃음 잃어버린 도시
천진난만한 얼굴 하나 보이지 않는구나
키만 컸지 엄마 젖살 덜 빠진 보송보송 교복 입은 아이들아
"엄마, 나 배고파 밥 줘" 책가방 던지며 뛰어 들어올 것만 같은
사랑하는 아이들아 용서할 수 없는 어른들을 용서하여라
피어나거라 송이송이 바다 꽃으로

들리나요?

— 울지 마요 팽목항

누구 없나요 아무도 없나요

누군가요? 누군가요

애가 타 부르면 부르는 대로
숨어서 따라 하기

슬픈 말하면 슬픔 남기니
가슴파도 물마루 배웅해 줘요
물망초 꽃잎 꽃잎

으르렁 아이고 가슴이야

먹구름 속에서 으르렁

멀쩡하던 하늘이
검푸른 눈매 홉뜨고
미친바람 잔솔잎 머리칼 쥐어뜯는다

높은 의자 팔 걸치고 으르렁
피켓 들고 으르렁
벽보가 으르릉
세계도 으르렁

으르렁 으르렁!
마른하늘에서 벼락이 안 칠런가
으르렁대던 호랑이들도 멸종된 지 오랜데
아니지, 조선 호랑이는 양반이라서 아직도 어험! 하지

언제 평화의 말씀 들려올까?
답답이가 오늘도 귀 기울인다

아가들

아가들 옹알이

나는 간호사 나는 소방관 나는야 대통령 될 거야
높이 나는 갈매기의 꿈을 볼래요

—아가들 슬픈 눈물—

북극 아기 곰 배고파요
오랑우탄 엄마 찾아 줘요
아마존 강 분홍 돌고래 살려 줘요

제주도 수학여행 멋지게 갈 수 있겠지요?

아가들 깔깔깔

엄마 웃어 봐요
영어, 수학 나중에 놀아 줘요
도리도리 죔죔 예쁜 세상인 걸요

이 땅의 어매들

대찬 꼬맹이들 키우느라 고생 많이 하였소

업보

— 화장터에서

생전의 주민등록증에 새긴 이름 불리면
주검이 마지막 서러운 하직 인사 올리고

남아 있는 후생을 모르는 이들
목 놓은 곡소리에 고인이 뒤돌아본다

안개밭에서 불꽃 속으로 외다리 강 건너
천상의 샘가로 가자

—무로 돌아가는 세상
생전의 등짐 아픈 사연
애증 사랑 명예 용서
모두 내려놓고 가소서—

풀지도 거두지도 못하고 한 줌의 재로 남겨지는 것을
남의 일 아니고 곧 닥쳐올
나의 일이기도 한데

거스르고 아껴 온 삶 깨끗이 하여
울지 마세, 울지를 마세
아픈 손사래 치는 일 없이
새처럼 깃털처럼 떠나가세

아쉬움 남김없이 떠나는 일이
어디 그리 쉬운 일인가
아등바등하지 마세
그래서 하루살이 인생 아닌가?

구업口業

마른땅 위에 주춧돌 놓고
참나무 베어 기둥 세우며
천둥 비 가리개 돌지붕 얹으니

신성한 입이 열려
세끼 풍족한 밥 숟가락질 즐겁지만
때로는 고픈 배 참느라 침도 마르겠지만

소리로 명예 세우는 일 무거워야 하니
말로 어지러운 세상 구업을 짓지 마세

그 입 삼악도에 떨어져
시궁창에 담길지니
미물도 칭송할 정화된 입
청정수로 헹구어 두시면 어떨까

한낮의 개꿈

토막나무 베개 솔향 때문에
뭉툭한 엄지발가락 못난 줄 모르고
새순 밟은 순결한 맨발이라고

곤충 잉태의 춤 껍질 속에 감추는 것도 모르고
산사 수국 수군대는 것을

이끼 바위
나무 등걸에 툭 차이고서야

발가락 더듬어 보니 작대기 맞아 얼얼하구나
침대 모서리 그것!

어휴, 꿈이었네

나팔꽃 꿈꿉니다

고와라! 시집보내야겠네
순하게 손사래 친다
호랑나비 조강지처 되느니
젊은 병사 나팔수 되어
철모가 다듬은 연인의 꽃 되고 싶어

내강외유!
하늘로 긴 팔 뻗은 새끼손가락
새벽노을 곱게 밀물져 오는

기상나팔 달구는 풋풋한 얼굴
잔꽃 뒤덮은 병영 울타리
거기 기대어 피어오르는 꽃
젊음을 사모하는 꽃 되고 싶어

늙은 호박 한 덩이가

울타리 강낭콩 어울려 소털빛 소담한 꽃
덩굴로 창포꽃 줄기 휘감고
주렁주렁 다복한 유전자 자랑

소복이 눈 쌓이는 날
'나' 닮은 푸짐한 늙은 호박 한 덩이
분홍 뱃살로 또 한 번 죽어
뜨끈한 죽 한 사발로
인간들의 찬 배 채워 주니

인류 봉사상으론 대상감이네
저기 저 벌 한 마리 또 꽃가루 신방에 드네

서울역 연가 · 1
— 지게 품팔이

1. 서울역전 구불구불

검은 화통에서 꾸역꾸역 토해 내는 인간 짐짝

목포발 완행열차
이고 지고 김치 오가리 단지 끌어안고
열하고도 다섯 시간

입 말라 깡마른 고개 홰홰 내저어 보는
'서울역전' 인파 어리둥절
여기가 눈 감으면 코 베어 가는 세상인가

2. "아짐씨, 아지매, 여기요 여기"

고된 삶 밥통들이 경주하며 달려온다
"품삯 얼매요" "아따 비싸네, 쬐금만 깎읍시다"

꼬깃꼬깃 속고쟁이 속에서 비죽 내미는 할아버지 얼굴

뿔 두 갈래 뻗은 등판에
옷 보퉁이 자식 멕일 꿀단지, 보리떡 콩 팥
밭에 것 다 걷어와 얹고
행여나 놓칠세라 애환도 얹고
제 갈 길 뿔뿔이 흩어지네

김 씨 자네 오늘 얼매나 벌었능가
얼마 못 벌었씨유
아그들 굶기지나 안 해야 하는데
초라한 아비들 푸념에
하루해가 저문다

서울역 연가 · 2

— 어쩌다 이 지게에 목숨을 걸어야 했는지
　단출한 밥상이 눈에 어른거린다

1. 랩 가수

서울역이어 서울역이어
종로 산가요, 종로 이가여!

엊그제 상경한 시골 아낙 듣기 나름이네

2. 골목길 담장 넘은 새우젓 향수

새으젓 사러 새으젓 사러
오늘 못 사면 내일 못 사는 새으젓 사러

쉰 소리 울 넘네

새비젓이여 새비젓이여 귀가 쫑긋
한 사발 갈아 줬을 텐데

참새와 싸이 말춤

곧 휘어질 것 같은 나무 끝가지
참새 짹짹짹
이리 폴짝, 저리 폴짝

신기하네
한국 참새 여행 왔나, 뭘 타고 왔지
지저귐이 소프라노 닮았어 꼭 닮았어

내 앞마당, 감나무에서 벌레 쏘아보는 참새
너 한류스타 되어 볼래?

무임승차
대서양 지중해 아프리카 마음 내키는 대로
싸이—말춤 날개 펴고 한번 춰 봐
너도 뜨고 코리아도 뜰 거야
예술문화 외교가 그래미상 감이네

돌 초상

엄지손가락 마디 줄
손바닥 우둘투둘 자갈길
손등 퍼런 지렁이
쭈그러지고 늘어지는 대책 없는 눈금

수월찮았던 삶이
속 깊은 강물로 떠내려간다

그 강물에 긴 숨으로 발 담가
나이만큼 조약돌 탑 쌓으며
말하는 돌마다에 새기는 화상畫像
민얼굴 가늠하여 보지만

새기다 말다 한 돌 하나
아직도 마음 나잇살 여물지 못해
내년 다시 새길까
여울목에 던져 버렸다

제5부

역마살

아네모네 들꽃 피는

— 시리아 여행지에서

갈색 긴 스카프 풀풀
시리아 역사를 담아
목에 칭칭 감아 본다

모래알 촘촘히 박힌
긴 그림자 옷깃 여미는
나그네 처연함도
바람의 이야기도

모래언덕으로
별들이 내려앉기에
이슬도 같이 내리느냐고
목말라하는 생명들
모래밭 속에 숨어 있기에

아네모네 피는 붉은 들판
햇빛이 모래바람
보듬어 간다

역마살

— 라오스 가는 길(여행지에서)

키 큰 바람이 앉으라 하고
키 작은 바람이 서라 하는
역마살 바람 따라
은빛 물결 비늘바다 건너니
저곳이 메콩 강인가? 땅콩 강인가?

미소가 햇살로 펴지는 부처님 나라
자등명 법등명 하라 하시는 그 말씀에
합장하는 거리의 모든 이
아난다인 듯
하얀 꽃 내음도 부처님 마음을 닮아 가네

순한 마음으로
합장하며 백팔 배 올리나니

리 강漓江
— 계림 여행지에서

쉴 줄 모르는 길고 긴 강바람
산에 기대 이는데

모래빛 갈대 비벼 대는 소리
리 강에 가을비 부슬거리면
물마루 텅 빈 배 물안개 가득

너머 그 너머에 솟은 젖무덤 물길
더듬어 가네

순수의 계절
— 아오모리 온천 숲길에서

1. 나목, 한 점 부끄럼 없이

낯익힌 새 찬 바람에
앞가림도 못하고 서성서성 울음 참는다

저물녘 첫눈이라도 내리면
마지막 잎사귀 산등성이 넘을 것 같아
이별로 바스러진 어미 잎새
손 갈퀴 내밀며
네가 자란 얼음골에라도 쉬어 가렴

2. 기다림으로 감싸 안은 꽃씨 하나

내년 봄 한 사발 햇살로 너풀너풀
고운 초록으로 돌아올 수 있다면
순수의 시절 계절 향기로

여름 지나 또 다른 가을 겨울 이야기 들어야겠다

다람쥐 도토리 깨무는 소리
빈 숲 아닌 숲 속을 바스락 흔들어 댄다

메콩 강 일몰
— 라오스 기행

노을이 환희의 들꽃으로 모여 산다는
전설의 섬 라오스
내일의 풀꽃 꺾으러 가고

푸시 산 산새 날갯짓 아슴아슴
그리움 이만큼 다가온다

길게 누워 뒤척이는 메콩 강
베틀에 메인 삼베 고단하듯
검은 머리 풀어 흔들며
낮 동안 고된 시름 등불로 밝히고
사공도 강가를 비워 버리니

매인 나룻배 삼줄 몸부림하니
강 건너 등불 아른아른 흔들거리네

보리 춤추고 있구나
— 청산도 여행지에서

청보리 한 움큼 쥐어 비벼 볼까
해실거리는 봄볕 얄미워
하늘로 던져 버릴까

섬 짙푸름이
거센 범바위 전설을 낳고

황톳길, 덩더꿍 추임새 장구 소리
슬픈 의붓남매 회한의 길이네

사월 갈매기 바닷바람 일으키는
청보리 코끝에서 익어 가네
옛 보릿고개 배고픔도 잊어 가는데

바람밭 구들장 논 들녘
아직도 무성한 것들이
그렇게 바람나 있을까?

생명 감각과 인생론의 시

김 재 홍
(문학평론가 · 경희대 정년연장명예교수)

시란 무엇인가? 어떤 마력이 있어 한번 빠져들면 많은 사람들이 일평생 벗어나지 못하고 무병처럼 앓게 되는가? 이 원초적인 질문이 지금도 흥미롭고 의미가 있는 것은 아직도 이 세상에 시가 존재하는 이유에 대해, 결국 삶이 무엇인가에 대해 많은 사람들이 지금도 물음표를 던지고 있기 때문이리라.

특히 서정시는 무엇을 써야겠다는 어떤 제작의 의도나 의무를 가지고 쓰는 것이 아니라 오직 마음에서 우러나는 신호를 따라 출렁이고 소리치며 그 파장이 흘러 넘쳐 그려 내는 자연발생적이고 순결한 마음의 지형도라 볼 수 있다. 이점에서 시를 쓴다는 것은 곧 살아 있다는 표시가 된다 할 수 있다. 여기서 살아 있다는 것은 단순히 생물학적으로 숨을 쉬고 음

식을 먹고 물을 마시고 늙고 병들고 하는 시간의 주체 속에 존재하는 것만을 말하는 것은 아니다. 사유의 주체가 되어 생명을 인식하고 가치를 추구하고, 사물을 폭넓고 깊이 있게 인식하면서, 그 사물에게 말을 걸며 자기만의 생각체계 속으로 끌어들여 사물에 대한 독자적인 인식체계를 구축할 수 있을 때 우리는 비로소 '살아 있다' 고 말할 수 있을 것이다.

이것은 곧 능동적이고 적극적인 삶의 양상으로 나타날 것이고 그 과정에서 생길 수 있는 내면 세계와의 불협화, 외부세계와의 부딪힘 속에서 일어나는 감정의 격랑이 시를 쓰게 만드는 한 동력으로 작용할 수 있을 것이다. 전소빈 시인에게도 시를 쓰는 것이 곧 이러한 깊이 있는 삶을 살기 위한 치열한 한 노력의 반영이기에 그것은 삶이라는 아름다운 내용의 또 다른 이름이 될 수도 있을 것이다.

1. 자성의 시, 존재 탐구의 시

전소빈 시인의 새 시집 『탱자꽃 하얗게 바람에 날리고』는 시인의 살아온 날들에 대한 경건한 순례기이면서 자기 고백록으로서 자전적 성격을 지니고 있다. 시집 속에 유독 여행시가 많은 것도 이 까닭이다. 삶을 좀 더 능동적이고 주체적으로 살아가면서 이해하고자 하는 데서 기인하는 것으로 보인다. 삶의 과정에서 오는 모순과 갈등을 시인이 여행을 통해 여과시키고 진정시키며 자신만의 독자적인 정신적 메커니즘을 형성해 가고 있는 한 형상으로 볼 수 있다. 시인은 미지의 세계를 여행하며 끊임없이 방황하고 사색하면서 자신에게 존재 의미를 되묻고 있다.

'삶은 무엇이며, 나는 누구인가?' 지속적으로 삶의 중심부와 주변부를 오고 가며 때로는 행동의 주체로서, 때로는 한 걸음 물러나와 객관적 관조자로서의 입장을 견지하며 적절한 대화와 성찰을 통해 자신의 존재를 스스로 밝혀 가고 있는 모습이라 하겠다.

바람을 끌어안고 풀잎이 말한다
휙휙휙 세상은 다 허공이라고
누구나 다 혼자서라고

키 큰 나무 가느다란 가지들
휘어지며 잎새들은 부둥켜 안기어 운다
다 목 놓아 운다

회색 빗줄기를 탓하며
눈물이 마르도록 소리쳐라
감추고 싶은 우울이 다시 도져 온다

수백 년 전 시공 속에서도
마른풀 때렸을까 빗금비

저물녘 오렌지 불빛 녹아 점점이
비가 바람으로 섞어 불며

빗줄기 사이로 달려간다

—「비가 바람을 말한다」 전문

시인이 위 시에서 사용한 언어에는 쓸쓸한 허공의 자취가 배어 있다. 뭔가를 갈망하며 아직 어딘가에 숨어 있을지 모를 한 줄기 희망의 노래를 찾아 세상을 떠돌고 있는 형국인 것이다. 그러기에 바람에게 "세상은 다 허공이라고/ 누구나 다 혼자서라고" 시인은 조용히 읊조리고 있다. 결국 혼자 스스로 감당 해야 하는 것이 인생살이의 민낯이라는 것을 인정하고 시인은 바람이 불어오는 쪽으로 자신의 몸을 내맡기고 있는 것이다. 여기저기에서 휘몰아쳐 오는 삶의 격랑과 비바람에 휘어지고 눈물 흘리며 살풀이하듯 한바탕 목 놓아 통곡할 때도 있지만, 시인은 그 통곡의 정점으로부터 한 걸음 물러나와 객관적 입장에서 넌지시 그 통곡의 현장을 다시 바라보고 있는 까닭이다. 그 통곡의 불에 자신을 내맡기기보다는 퇴로를 마련해 놓은 전사처럼 여유 있고 배짱 두둑하게 '할 테면 해 봐라.' 고 속다짐을 하고 있는 것이다. 그만큼 삶의 오랜 내공이 쌓여 있다는 뜻이 되겠다.

세상사는 한 조각 뜬구름 같은 것, 인생사 또한 허공에 불과하기에 몰아치는 비바람을 홀로 맞으며 그 빗속을 혼자 뚫고 나가야 하는 단독자임을 깨닫고 시인은 새삼 인간의 근원적인 고독과 허무, 우울함에 휩싸이기도 한다. 그러나 시인의 이러한 비극적 생인식은 깊은 절망의 색체를 띠기보다는 그 모진 회오리바람 속을 이미 벗어나 승리한 사람으로서 지나

온 날의 전투를 되돌아보는 관조의 형식을 취하고 있는 것이 특징이다.

따라서 그녀의 절망은 절망이라기보다는 희망의 또 다른 얼굴로서 밝고 긍정적인 것이 특징이다. 어떤 고통이 다가와도 받아들일 수 있는 너그럽고 강인한 생명성이 엿보인다는 뜻이다. “비가 바람으로 섞어 불며/ 빗줄기 사이”를 그녀는 개의치 않고 달려간다. 단독자인 자신의 존재를 스스로 인정하면서도 함께 섞여서 살 수밖에 없는 인생의 또 다른 측면을 수긍하고 있다는 뜻이 되겠다.

그녀의 다른 시 「종이꽃잎 바람에 날리고」에서도 비슷한 맥락의 생인식을 엿볼 수 있어 눈여겨볼 만하다. “비바람 거세질까 걱정에/ 흔들리는 마가목 끝가지에/ 마음 두고 있네// 마지막은 늘 홀로인 것”이라며 시인의 시선은 약하고 상처입기 쉬운 삶과 사물에 대한 긍정과 연민의 시선으로 향하고 있다. “흔들리는 마가목 끝가지”라는 것은 삶의 백척간두, 얼마나 위태롭고 연약한 존재의 모습인가? 거칠게 휘몰아치는 생의 비바람을 피할 아무런 무기도 힘도 갖지 못하고 이리 휘청, 저리 휘청 그저 바람이 부는 대로 흔들리며 살아갈 수밖에 없는 사회의 약자, 그들에게 보내는 시인의 따뜻한 시선이 유난히 돋보인다고 하겠다. 그러면서 시인은 동시에 누구나 홀로 가는 인생이라는 것을 새삼 깨닫고 있다. 이것은 크게 새로울 것도 없고 놀라운 발견도 아니지만, 그녀 나름 삶의 지혜와 관록이 쌓여서 나타나는 현상이라는 점에서 울림을 주기에 충분하다.

2. 방랑의 삶, 정착과 유랑으로서 삶의 성찰

전소빈 시인의 시세계를 관류하고 있는 또 다른 세계관은 '비/ 바람/ 일몰/ 떠남과 방황/ 돌아옴/ 홀로' 라는 시어 속에서 유추해 볼 수 있다. 아래의 인용시 「역마살」, 「메콩 강 일몰」 등의 기행시에서도 정착과 유랑 의식 사이에서 갈등하는 시인의 현실인식이 여실히 드러나고 있어 주목을 환기하는 것이다.

그 누가 그랬던가? 우리 인생에 행복은 잠깐이요, 삶의 많은 날들은 참아야 하고 아파해야 하고 기다려야 하는 고난과 역경으로 가득 차 있다고 말이다. 이처럼 인생에 가득 차 있는 우울과 허무, 고통과 절망을 시인은 비, 바람, 일몰, 떠남 등의 하강적 시어를 사용하여 표출해 내고 있다. 그러나 다행인 것은 인간의 그러한 비관적이고 우울한 비극적 생인식을 시인은 끊임없는 떠남, 즉 여행을 통해 승화시키면서 밝고 긍정적인 에너지로 바꾸어 가고 있다는 점이다.

키 큰 바람이 앉으라 하고
키 작은 바람이 서라 하는
역마살 바람 따라
은빛 물결 비늘바다 건너니
저곳이 메콩 강인가? 땅콩 강인가?

미소가 햇살로 퍼지는 부처님 나라
자등명 법등명 하라 하시는 그 말씀에

합장하는 거리의 모든 이
아난다인 듯
하얀 꽃 내음도 부처님 마음을 닮아 가네

순한 마음으로
합장하며 백팔 배 올리나니

—「역마살－라오스 가는 길」 전문

집과 길, 즉 떠나고 싶은 마음과 안주하고 싶은 마음 사이에서 시적 자아는 갈등하고 있다. 그러나 이 또한 심각한 근본적인 갈등은 아니다. 바람이 부는 대로 마음이 이끄는 대로 은빛 물결 따라 비늘바다를 건너가고 있는 것이기 때문이다. 한없이 자유로운 듯하면서도 실상은 그렇지 못한 바다의 모습은 시적 자아가 처한 현실을 암시하는 듯하다. 시공간의 제한을 받을 수밖에 없는 육신을 가진 존재인 인간이 현실을 뛰어넘을 수 있는 방법은 과연 무엇일까? 시인은 여행이라는 방법을 택하고 있다. 어떤 목적을 가지고 떠난 여행이 아니라 방황 또는 유랑의 형식을 택하고 있는 것이다.

유랑이란 무엇인가? 의도하지 않은 채 어떤 커다란 목적 없이 마음 가는 대로 발길 닿는 대로 세상 모두가 내 집인 듯 정처 없이 흘러 다니는 것을 말하지 않던가? 의도하지 않은 의도, 무목적 속의 합목적을 따라 시인은 세상바다를 흘러가다가 드디어 부처님의 나라 메콩 강가에 서 있는 셈이다. 세상 난바다를 헤쳐 나온 시인은 스스로를 등불 삼아 의지하라는 "자등명 법등명"으로서 부처님의 가르침을 메콩 강가에서 다시 되새기고 있는 것이다. 기대하지 않았던 커다란 수확인 셈이다. “순한 마음으로/ 합장하며 백팔 배 올리” 는 시인에게 여행지는 단순한 미지의 어느 공간이라기보다는 삶의 현장 그 연장선상인 것이다. 시인이 여행을 여가나 일상의 지루함을 탈피하기 위한 단순한 오락의 수단으로 여기지 않았음을 알 수 있게 해 준다고 하겠다.

노을이 환희의 들꽃으로 모여 산다는
전설의 섬 라오스
내일의 풀꽃 꺾으러 가고

푸시 산 산새 날갯짓 아슴아슴
그리움 이만큼 다가온다

길게 누워 뒤척이는 메콩 강
베틀에 메인 삼베 고단하듯
검은 머리 풀어 흔들며
낮 동안 고된 시름 등불로 밝히고
사공도 강가를 비워 버리니

매인 나룻배 삼줄 몸부림하니
강 건너 등불 아른아른 흔들거리네

—「메콩 강 일몰—라오스 기행」 전문

인용 시 「메콩 강 일몰」도 역시 여행시다. 여행지는 “내일의 풀꽃 꺾으러 가고// 푸시 산 산새 날갯짓 아슴아슴” 하는 시적 화자의 또 다른 삶의 현실이자 시적 현장이라고 앞에서 말한 바 있다. 삶과 여행이 분리된 것이 아니라 하나로 겹쳐 온다는 뜻이다. 우리 인생들 모두는 이 우주라는 여행지를 떠돌고 있는 시간의 여행자들이라고 프랑스의 저술가 크리스티안 생제르가 말하지 않았던가. 또한 천상병 시인은 지상에서의 삶을 '소풍 나온 것' 이라고 시 「귀천」에서 노래한 바도 있다. 이것은 우리가 살고 있는 이 지상이 우리 삶의 끝이 아니라는 뜻이 될 수도 있으리라.

소풍이란 말의 뜻을 보아도 짐작해 볼 수 있다. 소풍이란 기분을 돌리거나 머리를 식히기 위해 잠깐 일상의 밖으로 나가는 것을 말한다. 천상병 시인의 말대로라면 우리가 살고 있는 이 우주에서의 삶은 우리 인생들의 본질적인 삶은 아니라는 말이 될 수도 있겠다. 다시 말해 우리의 본질적인 삶의 현장은 어딘가에 따로 있을 수 있다는 뜻이다. 우리가 흔히 죽음을 말할 때 '돌아가셨다, 떠나셨다' 라는 말을 사용하는 것도 우리의 이러한 내면의식을 반영하는 것일 수도 있겠다.

결국 우리가 현재 서 있는 곳이 어디든지 간에 영원히 우리가 있을 곳은 아니라는 인식인 셈이다. 좀 더 오래 머물고 그렇지 못하고의 차이가 있을 뿐이다. 이런 점에서 시인에게 "길게 누워 뒤척이는 메콩 강" 은 따로 존재하는 먼 이국의 어느 특정 한 하나의 강이 아니다. 시인이 자녀를 키우고, 저녁상을 차리기 위해 식품가게를 가고, 친구를 만나고, 시를 쓰는 바로 여기, 지금의 이곳, "낮 동안 고된 시름 등불로 밝히" 는 삶의 현장이 바로 시인의 메콩 강이요, 라오스이며 내일을 살아갈 새로운 힘을 얻는 해방과 구원의 공간인 셈이다. 그러므로 이점에서 그녀의 유랑은 살아 있는 한 매일매일 계속될 것이며, 그녀가 그 유랑의 현장에서 건져 올리는 싱싱한 삶의 시들을 지켜보는 것도 홍미로운 일이 될 것이 분명하다.

3. 고향 사랑, 향토 사랑의 길

그러나 제아무리 나그네라 하더라도 육신의 고향 앞에서는 본능적인 그리움을 어쩌지 못하기 마련이다. “동백꽃잎으로 파묻히는 마을/ 비 온 뒤 아침/ 빠알간 골목길 위에// 동백꽃 한 송이 오늘 아침 그림으로 피어나는”(「동백꽃잎이 피었구나」) 마을, 그곳이 그녀 육신의 고향이고 보면 살아 있는 동안 어찌 그곳을 잊을 수 있겠는가? 동백꽃과 비, 그리고 골목길은 남도를 떠올릴 때 빼놓을 수 없는 대표적인 시적 상관물 objective correlative 중 하나다. 파랗게 보릿대 순 올라오는 남도의 들녘 길을 지나다 보면 심심찮게 나타나는 동백숲과 아담한 마을, 그리고 대숲과 돌담을 빼놓고 어찌 남도를 말할 수 있겠는가? 지난날 시인의 피와 살을 만들어 주었고 정신을 성장시켜 준 동백의 붉은빛은 시적 화자가 비극적인 생인식을 가지고 있으면서도 결코 좌절하거나 절망에 빠지지 않는 건강하고 강인한 생명력을 견지할 수 있도록 견인하는 역할을 해 왔다고 할 수 있다.

동백꽃이 지고 난 뒤의 서정을 노래하기보다는 ‘비 온 뒤

동백꽃이 피었다' 라고 한 것 또한 시인의 생에 대한 시선이 그만큼 긍정적이고 미래 지향적인 쪽을 향하고 있다는 뜻이 되겠다. 시적 화자가 고향을 그리워하는 것은 단순히 육신의 고향을 그리워하는 차원을 넘어서서 인간 근원에 대한 존재론적 그리움과 본능적 사랑에 해당한다. 「영산홍 꽃잎에 홍어가」 또한 그녀의 고향 남도를 그리는 따뜻한 혈육애적 서정이 잘 형상화돼 있는 시라 하겠다.

1
봄날 톡 쏘는 꽃샘바람 알싸함이
홍어 삭히는 뱃전에서 불어온다
군침 돋우는 꽃바람 때문일까
우악스러운 발걸음이 바빠지는 파시
꼬리 달린 마름모꼴 삭힌 몸
뉘어서도 몸값이 부풀려진다

장날이 아니어도 징구장구 모여드는 사람 물결
—여보게 아무개 이리 오소
홍어 한 점에 막걸리 한잔 얹어 보소,
자네도 한잔 또 저기 자네도—
질펀한 삶 허허 헛웃음 치고
투박한 정으로 노을노을 취해 가는데

2
영산홍 꽃잎 날려 영산강인가
흑산홍어 죄 없이 잡혀 와 뱃길 서러운 보름 사리 때

흑산도 어부의 전설로
뱃전에 풍겨 주는 삭은 냄새
그리웠을 바다 속 유영을

그래도 전화위복이려니
죽어서도 사랑받으니 어허라 좋을시고

3
지금도 영산포구에 한 잎 두 잎 봄꽃비 적셔 오면
홍어잡이 배
영산홍 꽃잎 가득 싣고
누구의 비인 마음속을 오르내릴까

—「영산홍 꽃잎에 홍어가」 전문

시어가 싱싱하고 탄력이 있어 시적 생동감이 느껴진다. “봄날 톡 쏘는 꽃샘바람 알싸한” 바람이 금방이라도 한바탕 불어올 것만 같다. ‘장날이 아니어도 징구장구 모여드는 사람 물결, 홍어 한 점 막걸리 잔 앞에 놓고 너 한 점 나 한 점 주거니 받거니 대작하는 바닷가, 질편한 삶, 허허 헛웃음 치는, 투박한 정으로 노을노을 취해 가는 바닷가’ 그곳이 시인이 태어나고 자란 남도의 고향이다.

그래서일까? 유독 이 시는 시집에 수록된 시편들 중에서 가장 생동감 있고 현장감 있게 다가온다. 시어가 살아서 꿈틀대는 것 같기도 하다. 금방이라도 영산강 포구로 달려가 흑산도 알싸한 홍어 한 접시에 막걸리 잔 앞에 놓고 오래 그리웠던 사람과 밤늦도록 술잔을 기울이고 싶은 충동에 사로잡힐

것 같기도 하다. 시의 맛, 시의 힘이란 바로 이런 것이 아니겠는가?

고작 아무 힘없는 단어 몇 개, 그것이 서로 흩어져 있을 때는 그저 하나의 말소리에 불과하지만 이 언어들이 적절히 조립되고 조합되어 우리의 생각을 담는 시의 그릇이 될 때 그것은 폭탄보다도 더 폭발력을 지니지 않는가? "펜은 칼보다 강하다."라는 속언을 연상케 하는 이 한 문장의 위력이 사실임을 우리는 지나온 세계사, 인류사 속에서 많이 보아 왔다. 시 한 편이 영산강 포구의 어느 남도 주막집으로 달려가고 싶게 만들고, 오래 끊었던 술 한잔 생각을 절실하게 불러일으키고 있으니 말이다.

4. 생명 감각 또는 생명에 대한 외경심

시인의 시에는 또한 '생명에 대한 예민한 감각a sense of life'과 '생명에 대한 외경심stand of life'이 드러나 있어 주목을 환기한다. 시 「쪽파 거듭나기」는 시인의 이러한 생명 감각을 잘 묘파해 주고 있다.

> 누런 이파리
> 차가운 모래땅에
> 허여스런 얼굴로
> 입 앙다물어 오만으로 가득하구나

누가 이걸 먹는다고……
헤집고 뿌리 들춰 보니
하얗게 진 뿌리 외려 향긋하여라
어느 저녁 누구의 숟가락에 얹어지려고
비명도 없이 너는 땅의 순결을 지키고 있느냐
참 고마웁구나

바람 한결 세차니
흙 한 삽 떠다 네 발등을 덮어 주랴
눈구름 떠돌다 오면
햇빛 가득 안아나 보렴

—「쪽파 거듭나기」 전문

생명을 지키는 일은 어지간한 오기와 독기만으로 가능한 것이 아니다. 밤새도록 휘몰아치는 눈보라, 비 한 방울 내리지 않는 오뉴월 염천의 뙤약볕, 세상을 다 쓸어가 버릴 듯한 폭풍우 등 인생의 극한 고통 속에서 목숨을 지켜 내는 일이 얼마나 처절하고 어려운 일인지 경험해 보지 않고는 쉽게 말하지 못할 일이다. 시인은 그걸 알기에 차가운 모래땅을 단단히 부여잡고 생의 겨울을 견디고 있는 쪽파가 대견하고 고마울 뿐이다. 그렇기에 입 앙다물고 조금 오만하여도 오히려 기특하고 안쓰럽게 바라보고 있는 것이다.

"누가 이걸 먹는 다고……/ 헤집고 뿌리 들춰 보니" 보잘것없고, 아무도 눈여겨보지 않을 것 같은 작은 것에 눈길 머무는 것이 시인의 마음이 아니겠는가? 인용 시에서 시인의 따뜻한 생명감각, 생명에 대한 연민과 외경감이 돋보이는 것은 이런 점에서 당연하다고 하겠다. 사실 그렇지 않은가? 누군가의 손에 의해 버려졌거나 아니면 어느 주부의 시장바구니에서 떨어져 나와 혼자 땅바닥을 이리저리 굴러다니다 용케 모래땅을 움켜쥐고 뿌리를 내리고 있는 쪽파 하나에 누가 눈길 주겠는가? 요즘 흔하디흔한 것이 쪽파이고 그것도 가격이 얼마나 헐값인가? 동네 슈퍼 어디를 가더라도 우리네 서민들의 한 모습처럼 쉽게 널브러져 있는 것이 쪽파 아닌가?

"허여스런 얼굴"로 척박한 모래땅에 뿌리를 내리고 있는 하찮아 보이는 쪽파일지라도 시인에게는 마땅히 보호받아야 하고 귀하게 여김을 받아야 하는 하나의 의미 있는 생명체로 보이는 것이다. 인용 시는 생명의 가치를 소중히 여기고 모든 생명을 차별하지 않는 시인의 생명에 대한 외경심, 겸허함 등을 엿볼 수 있게 해 준다는 점에서 시적 의미를 지닌다고 하겠다.

시인의 생명 감각 또한 운명애와 육친애를 통해 좀 더 구체적으로 심화되어 나타난다.

앞서거니 뒤서거니
내 그림자 내가 밟을 수 없는 것은

이인삼각

귀밑머리 풀던 그날 탓인가

—「운명」 전문

부부 사이의 인연을 과연 우리는 무엇으로 설명할 수 있을까? 태어나 다 자라도록 아무런 상관관계 없이 살아가던 두 사람이 만나 서로 몸과 마음을 부비면서 오히려 피를 나눈 부모, 형제자매보다도 더 가깝게 느끼고 뜨겁게 살아가며 자녀를 낳아 기르고 함께 늙어 가는 이 알 수 없는 운명의 관계, 우리는 이 풀지 못할 우주의 비밀을 운명destiny이라 말하지만 이 말 또한 충분하지는 않다. 다만 분명한 것은 부부라는 이름으로 만난 것은 지상에서 가장 소중하고 각별한 인연임에는 틀림없다. 시인은 이것을 "이인삼각"의 관계라고 형상해 내고 있다. 이인삼각a three-legged race이란 두 사람이 옆으로 나란히 서서 맞닿은 쪽의 두 발목을 함께 묶고 세 발로 뛰는 경기를 말한다. 두 사람의 호흡이 잘 맞아야 넘어지지 않고 레이스를 성공적으로 끝낼 수 있는 것이다. 한 사람의 보폭이 너무 빨라도 느려도 안 된다.

결국 시인은 이것을 통해 부부 사이의 조화와 양보, 배려하는 마음을 강조하고 싶었으리라. 이렇게 조화를 이룰 때 부부 사이가 좋다, 원만하다고 흔히들 말한다. 서로의 양보와 희생이 있어야만 가능한 일이라는 뜻이다. 더 나아가 그러한 희생이 가능하기 위해서는 서로를 향한 진심의 사랑이 충만해야 하며, 시인은 그것을 "귀밑머리 풀던 그날"로 상징화하고 있다. 결국 운명으로 받아들이고 있다는 말이다.

1
가느다란 실타래 늘이며

백발의 엄니가 떠나갔습니다
푸른 초원 저 밖의 하늘
누가 길라잡이를 하셨는가요

생의 삶의 고된 지게 내려놓으며
겨울 아침밥 푸시던 따뜻한 그 손
동백꽃 향기로운
고운 눈매 환하신 그 웃음소리
여린 제 가슴에 돌무덤으로
묻어 두고 가셨습니다

2
엄니, 아직은 반백인 저의 머리칼
채 효도의 시작도 채우지 못하였는데
가실 길이 늦었다고 서둘러 떠나셨습니다

그날 밤 저는 넋을 놓았습니다
괴로운 기다림에 얼마나 외로워하셨을까
잡수시고 싶은 것이 얼마나 많았을지
자책에 목이 메어
차가운 이마와 볼에 입맞춤하였지만
그땐 너무 늦었습니다

이제는 사랑이 깃든 배려의 말씀
모정 깊게 패인 주름진 이마의 다정함이 그리워
속울음 삼켰지만 떠나가셨습니다

떠나시던 그날 엄니 얼굴 하나 담아서
백발비가 내렸습니다
햇빛 좋은 날 먼 데 산만 보시지 말고
서성이시지도 말고 거기 그렇게 편히 앉아 계세요

반백의 저도 언젠가 햇볕 등지고
바람 불듯 떠나가겠지요
기다림은 아픈 거지만
참 슬프도록 아름답습니다

—「엄니, 나에게도 엄니가 계셨는데」 전문

인용 시에 나타난 시인의 생명에 대한 또 다른 경외심과 외경감은 부부 사이의 관계에서 한층 더 나아가 부모, 특히 엄니에게로 심화 집중되고 있다. 어머니의 죽음을 앞에 놓고 시인은 살아 생전 잘 해드리지 못한 아쉬움과 회한에 안타까워하고 있다. 옛말에 '풍수지탄風樹之嘆'이라 했던가? 자식이 부모를 봉양하려고 하나 부모는 때를 기다려 주지 않는다 하지 않던가. 떠나고 난 뒤에 아무리 후회해도 소용없는 것이 못다 한 효도라는 것을 시인은 뼈저리게 깨닫고 있다.

그래서 시인은 넋을 놓고 목이 멘다. 이제나 저제나 오지 않을까? 동구 밖을 내다보며 시인을 기다렸을 엄니, 이제 그 기다림도 그리움도 다 놓아 버리고, 몇십 년의 그 질긴 인연을 훌훌 끊어 버리고 먼 길 가신 엄니, 부모와 자식이라는 생명의 고리가 끊어진 현실을 앞에 놓고 시인이 할 수 있는 일이란 과연 무엇이 있겠는가? "생의 고된 지게 내려놓으며/ 겨울 아침밥 푸시던 따뜻한 그 손/ 동백꽃 향기로운/ 고운 눈매 환하신 그 웃음소리/ 여린 제 가슴에 돌무덤으로/ 묻어 두고 가신" 엄니를 그리워하며 다하지 못한 육친의 정을 시로써 승화하고 있는 것이다.

지상에서 맺은 인연 중에 모정, 즉 어머니와 자식만 한 인연이 과연 어디 있겠는가? 오늘 아무리 죽을 듯이 사랑하는 연인 사이라 할지라도 마음이 변하면 서로 헤어질 수 있지만, 어머니와 자식은 둘 중에 하나가 지상을 떠나기 전에는 아니 떠난간 후에도 서로 헤어질 수 없는 사이다. 자식이 아무리 죽을죄를 지어도 어머니에겐 그저 안타까운 하나의 자식일 뿐이고, 부모가 아무리 못나고 부끄러운 부모라 할지라도 세상에 바꿀 수 없는 오직 한 분밖에 없기 때문이다.

5. 맺음말

이제 시인은 시집 『탱자꽃 하얗게 바람에 날리고』를 출간함으로써 지난 과거를 다 흘려보내고 새로운 출발을 앞에 놓고 있다. 지난 세월이 시인이 아닌 일반인으로서의 생물학적, 인간사적 삶을 살아 왔다면, 이제 앞으로의 삶은 명실 공히 한 나라의 시인으로서 언어를 지키고 가꾸어 가야 할 막중한 권리와 의무, 책임감을 가진 언어의 연금술사 또는 파수꾼으로서의 예술적인 삶을 살아가야 한다는 뜻이 되겠다.

시를 쓴다는 것은 무엇이던가? 곧 살아 있다는 뜻이 아니던가. 살아 있다는 것은 또 무엇인가? 정신이 살아 있고 시혼이 일렁이고 있다는 뜻이 아니겠는가. 창조적인 삶이 돼야 한다는 뜻이다. 가치 있게 살려 노력한다는 것, 살아 있다는 것은 생각을 한다는 것이고, 생각을 한다는 것은 고매한 생각을 하면서 시를 쓸 수 있다는 것을 의미한다. 그렇기에 시를 쓰는 일은 어느 특정한 사람의 전유물이 아닌 것이다. 단단한 사유와 삶에 대한 깊이 있는 성찰이 내재된 시인의 시가 앞으로도 기대되는 이유가 바로 이 점에서다.

다시 한 번 시집 『탱자꽃 하얗게 바람에 날리고』의 상재를 축하하며 더욱 각고 노력하여 다음 시집에서는 더 큰 예술적 정진이 있기를 희망한다.

시인 전소빈 (昭儐, Chun so-bin)

본명 전소자

광주사범학교 졸업

초등학교 교사 역임

2010년 시집 『꿈 사러 갑니다』 발간

탱자꽃 하얗게 바람에 날리고

지은이 | 전소빈

펴낸이 | 김재돈

펴낸곳 | 도서출판 시와시학

1판1쇄 | 2014년 10월 10일

출판등록 | 2010년 8월 10일

등록번호 | 제2010-000036호

주소 | 서울 종로구 명륜동1가 42

전화 | 744-0110

FAX | 3672-2674

값 10,000원

ISBN 978-89-94889-79-5 03810